I0098341

LES

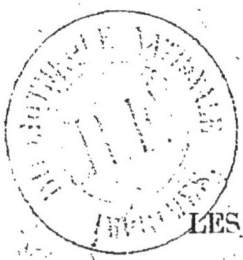

FÊTES POPULAIRES

ET LES

FÊTES RELIGIEUSES

DE MAI

DANS L'AUXOIS

LES FÊTES DE MAI

dans l'Auxois.

Le mois de mai était ainsi appelé de Maïa, mère de Mercure, et placé sous la protection d'Apollon, le dieu de la poésie. Les Romains l'avaient consacré à plusieurs fêtes dont les plus célèbres étaient les *florales*, en l'honneur de Flore, déesse des fleurs et du printemps, qu'on représentait ornée de guirlandes et auprès d'elle des corbeilles pleines de fleurs. C'est le mois des fleurs.

Autrefois, en Bourgogne, le premier jour de mai était attendu avec impatience de la jeunesse qui le fêtait avec joie; mais comme tout change, cette coutume, qui, au dernier siècle, était encore fort vivace, n'existe plus dans nombre d'endroits, surtout dans les villes; quelques traces bien dégénérées de ce qu'elle était alors se sont conservées dans les campagnes et finiront bientôt par entièrement disparaître. Avant qu'elles n'aient complétement été oubliées, nous avons cru devoir en retracer les principaux caractères.

Ces fêtes de mai sont sans doute une allusion au retour de la belle saison; de quel côté qu'on porte les regards, on voit la nature réveillée et fleurie; sa douceur porte l'âme au calme, aux riantes pensées, qui semblent appeler les fêtes et les joies pacifiques.

Leur origine, entourée d'une obscurité mystérieuse, paraît avoir une assez grande ancienneté; elles sont des restes de coutumes païennes remontant à la domination romaine, ou peut-être jusqu'au druidisme, et ont perdu, en traversant le cours des âges, leurs caractères primitifs; elles ont dû être fort répandues, pour avoir laissé des traces aussi profondes dans l'esprit des populations.

L'Italie, l'Espagne, le Portugal semblent de nos jours les seuls pays où ces fêtes n'ont rien perdu de leurs célébrations anciennes: les jeunes filles, parées de fleurs, sont promenées dans les rues, les garçons plantent à leurs portes des branches d'arbres et vont de maisons en maisons chanter des chansons naïves en recueillant des œufs.

Un peu partout, en France, on célèbre le premier mai; dans le Midi, surtout. Si cet usage y a perdu de sa vogue ancienne, il donne encore lieu à bien des réjouissances: comme dans les contrées citées plus haut, les jeunes filles, parées de fleurs, vont de porte en porte chanter des ballades naïves, les garçons placent à leurs fenêtres l'arbre symbolique, aussi bien que sur les places fréquentées des villes ou des villages, et le soir, pendant plusieurs jours, la jeunesse s'y réunit et y danse de gracieuses farandoles qu'anime le son du tambourin auxquels se mêlent les vers en patois provençal dont l'accent est si imagé.

A Beaucaire et à Tarascon, sur les bords riants du Rhône, où les rues étroites et tortueuses, les nombreuses madones, les portes ogivales vous reportent à plusieurs siècles en arrière, respirant le moyen âge et la féodalité, toutes les voitures revenant de la campagne sont chargées de feuillages, qu'on appelle des *tarasques* qui, pendant plusieurs jours, orneront les fenêtres ou la devanture des maisons.

Nous n'en finirions pas si nous voulions énumérer les nombreuses coutumes, différant peu entre elles, qui avaient lieu à cette occasion dans la plupart de nos provinces : les mais à la vierge, des orfèvres à Paris, ceux des Gobelins dédiés au roi, etc. Passons plutôt à ce qui se passait dans notre pays comme devant avoir pour nous un intérêt bien plus grand.

Avec quelle joie dans le Morvan et l'Auxois le premier mai était accueilli! le plaisir, l'allégresse étaient sur tous les visages, en songeant aux coutumes, aux réjouissances charmantes dont il rappelait le retour.

D'abord, c'était les épousées du mois de mai, appelées en Champagne les *trimouzettes* :

une fille, encore dans l'enfance, le plus souvent pauvre comme la nature renaissante,
habillée de blanc et couronnée de fleurs
nouvelles, allait à chaque porte adresser des
vœux de bonheur ou chanter des chansons
populaires; on lui donnait des œufs et di-
verses offrandes qu'elle recueillait dans un
panier; à St-Jean-de-Losne, dit M. Clément-
Janin, plusieurs fillettes, habillées en épousées, tenant des rubans, vont encore aux
portes chanter ce gracieux trimazos :

> Voici le mois de mai
> Le mois de toutes les fleurs,
> Où toutes les jeunes filles
> Auront des serviteurs ;
> Aimez-moi, ma brunette,
> Aimez-moi d'un grand cœur.
>
> Tappe, tappe . Entrez, s'il vous plaît,
> — Maman, ma bien-aimée,
> Je t'apporte un beau bouquet,
> Bouquet de giroflée.
> O mai ! ô mai !
> O le joli mois de mai.
>
> Je n'en ai pas cueilli trois poils
> Que maman m'a-t-appelée.
> O mai ! ô mai !
> O le joli mois de mai !

L'aimable habitude de planter le mai
subsiste dans une grande partie de l'Auxois ;
elle s'y conservera longtemps encore. Ecou-

tons les lignes charmantes qu'elle inspire à M. Tarbé, dans le *Romancero de Champagne*.

« Fillettes et garçons, voici le mai, le premier jour de mai. La veille, au village, on coupe au pied un jeune peuplier droit et flexible; à ses branches sont noués bouquets et rubans; des guirlandes de fleurs lui font ceinture et couronne; c'est l'arbre des beaux jours, l'arbre des amourettes; on le promène de rue en rue, on s'arrête en chantant devant toutes les fenêtres, auxquelles se montrent frais et jolis minois; le lendemain, on plante l'arbre de mai sur la place de l'église, puis à ses pieds commence la ronde du printemps, aimable comme la ronde du bel avenir. »

Dans nos environs de Semur, c'est dans le silence de la nuit, avec le plus grand mystère, que le jeune homme va placer son mai sur le toit ou à la fenêtre de sa bien-aimée; il arrive quelquefois que, dans la journée, il vient le reconnaître, ce qui est un aveu d'amour aux yeux des parents; s'il paraît présenter une alliance convenable, ils ne manquent pas de l'inviter à un repas qui se fait à son honneur le dimanche suivant, et qui fort souvent peu de temps après est suivi du plus heureux dénouement.

Mais, parfois, quelles déceptions! Dans presque tous nos villages, la plupart des maisons ont leur couverture en chaume. On

ne saurait monter au sommet avec hâte dans
l'obscurité, sans s'exposer à des chutes dan-
gereuses, ou sans faire des dégradations; le
propriétaire, plus soucieux de cela que de la
distinction qu'on pourrait faire à sa fille, y
fait la garde avec un gourdin; si notre pauvre
amoureux a le malheur de se présenter, il
reçoit, au plus beau moment de l'escalade,
une volée de coups de bâton, avec un flot
d'injures qui, sans songer à se venger, le fait
déguerpir au plus vite. Malheureusement, il
a été reconnu; le lendemain, avec amertume,
il voit sa mésaventure publiée, attirant sur
lui les rires moqueurs et les propos les plus
ironiques.

Dans le canton de Flavigny, la fille distin-
guée, belle et aimée d'un village, trouve, chaque dimanche de mai, une énorme branche
de charme à sa fenêtre. C'est la distinction
la plus belle à laquelle elle puisse prétendre,
c'est plus qu'un prix de sagesse ou de vertu.
La même chose se fait dans le Jura, hors que
la branche de charme est remplacée par un
jeune sapin.

Les mais sont parfois enrubannés; plus ils
sont beaux, plus ils font d'honneur aux de-
moiselles auxquelles on les destine; mais
hélas! aussi, la critique amère des mauvais
plaisants ne perd pas si belle occasion de
faire des siennes; sans épargner l'innocence,

elle se déchaîne principalement sur les vieil-
les·filles de mauvaise humeur qui veulent
garder le célibat; on leur met un fagot d'é-
pines. N'est-ce pas, en effet, une malicieuse
signification? Celles aux réputations de
mœurs équivoques, dédaigneuses, capri-
cieuses, sont gratifiées d'un fantôme accoutré
d'une manière indécente, de squelettes d'a-
nimaux, ou une botte de foin est suspendue
à la cheminée; c'est l'outrage méprisant et
la dernière honte que l'on puisse subir.

Il n'y a pas jusqu'à l'essence de la branche
d'arbre qui n'aie son langage allégorique, que
n'interprète et comprend la jeune fille. Le
charme, signifie tu me charmes! Le cerisier
et l'aubépine en fleurs, veulent dire je t'aime et
t'épouserai! Le lilas, à la suave senteur, est
l'emblème de la modestie et de l'innocence!
Le bouleau est un gage de fidélité! On a
honte de la branche de prunier ou de frêne,
tu es fanée! Ainsi des ronces, je te renonce!
ce qui rappelle aussi le dicton populaire :
gracieuse comme une ronce de neuf pieds.
Inutile de dire que les auteurs de ces mau-
vaises farces prennent leurs précautions pour
ne pas être connus.

Ces gracieuses fêtes champêtres assem-
blaient la jeunesse, qui se livrait à la gaieté
la plus grande, en dansant des rondes ani-
mées où l'on chantait en chœur, en les ré-

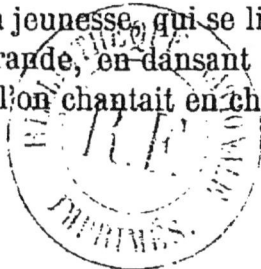

pétant, des refrains naïfs, tels que celui-ci :

> Nous avons un charmant rosier
> Qui porte rose au mois de mai.
> Entrez charmant rosier,
> Dans la ronde, entrez,
> Vous y embrasserez
> La rose que vous aimerez.

Après un gai repas pris en commun, chacun reconduisait bras dessus, bras dessous,
la danseuse aimée chez elle, en rêvant à
mille idées souriantes, à l'espérance des plus
beaux projets d'avenir.

Le mois avait donné lieu à bien d'autres
usages bizarres, même ridicules, qui, depuis
la grande Révolution de 1789, ont peu à peu
disparu. Un des plus singuliers était, sans
contredit, la promenade des maris qui se
laissaient battre par leurs femmes, coutume
qui, par les abus qui s'y commettaient, rappelait les fameuses Saturnales de l'antiquité
et avait lieu encore il y a quelques années
seulement, peut-être encore aujourd'hui, si
l'occasion s'en présentait.

Le mari reconnu avoir été battu par sa
femme montait à rebours sur un âne, dont
il tenait gravement la queue. Observons que
la susdite monture était choisie parmi celles
dont la maigreur surpassait le carême. Les
voisins et les jeunes gens déguisés lui fai-

saient cortége ; ceux-ci s'y préparaient toujours par de fortes libations, afin de les mettre de bonne humeur : Le vin donne de la
hardiesse et des idées. — La promenade faisait le tour du village, avec les gambades les
plus grotesques et grand bruit de chaudrons,
grelots, cornets-à-bouquin, etc.; on recueillait vin, œufs, lard, qui étaient offerts avec
la plus grande libéralité par les habitants.

Si le pauvre mari, qui déjà est assez à
plaindre, refusait de s'exécuter, ce qui n'é-
tait pas rare, son plus proche voisin prenait
sa place, ensuite, pendant plusieurs soirées
on se gaudissait à ses dépens par de bruyants
charivaris devant sa maison même, où portes
et fenêtres restaient closes. Les gars et dé-
sœuvrés de plusieurs lieues à la ronde ac-
couraient à l'envi prendre une part trop
large à ces divertissements fort goûtés d'eux,
car leur présence (et c'était la plupart du
temps ce qui les y amenaient) ravivait
d'anciennes querelles qui amenaient les rixes
de rigueur, où les coups de poings pleu-
vaient dru comme grêle. Les pauvres battus
se retiraient l'oreille basse en songeant qu'ils
auraient mieux fait de rester chez eux, et
c'était presque toujours de brusques inci-
dents de ce genre, au grand contentement
du rébarbatif dont l'œil collé au trou de la
serrure en suit les péripéties, qui donnaient

le signal de la retraite aux assistants : les réjouissances étaient épuisées.

D'où vient aussi cette croyance qui n'a d'effet réel que dans l'imagination de ceux qui la propagent : Voulez-vous vous guérir des engelures? plongez les mains dans le fumierle premier jour de mai.

Ces temps de tolérance sont déjà loin de nous. Toutes ces naïves coutumes, qui faisaient les délices de nos bons aïeux, s'éteignent avec la civilisation et n'ont plus qu'un crédit affaibli ou contesté ; nous ne le regrettons pas. Mais comme la médaille a aussi son revers, il nous est permis, dans ce siècle de progrès, de regretter la vie joyeuse, insouciante de l'avenir, ces réunions populaires que provoquait périodiquement un objet, futile en apparence, mais qui n'en avait pas moins sur la société des résultats bienfaisants, en entretenant les relations ; l'amitié éteignait les haines et permettait de se reconnaître. Aujourd'hui où l'habitude excellente de se réunir se perd de plus en plus, chacun reste chez soi, surtout à la campagne où les intérêts matériels absorbent tous les moments ; aussi, mieux qu'ailleurs, on peut voir l'égoïsme et l'indifférence la plus grande s'introduire dans les mœurs et fermer les yeux à toutes distractions. On ne peut en prévoir les résultats.   H. M.

LES

FÊTES RELIGIEUSES DE MAI

dans l'Auxois.

———

La nature est dans sa plus grande splendeur; elle a ouvert au grand large ses écrins en étalant ses premières richesses. Nos pelouses et les gazons de nos prés, que le vent commence à onduler comme de petites vagues, sont émaillés de fleurs aux riches couleurs qui s'épanouissent aux rayons brillants du soleil. Il sort des nectaires cachés au fond des corolles des parfums embaumés qui attirent des multitudes de papillons, de bourdons, d'abeilles prévoyantes qui viennent en sucer la liqueur en faisant entendre leur satisfaction par des bourdonnements joyeux. Les tièdes brises font frémir les jeunes feuilles dans les buissons, d'où partent les mélodies des rossignols et des fauvettes qui s'ajoutent au chœur des rainettes. A cette réjouissance universelle fêtant les splendeurs de la belle saison, nous sommes au joli mois de mai, qui fait l'admiration de tous et inspire les poëtes. Partout on chante les chansons de mai:

A passant avau les champs,
J'avaus trouvaic les blaics si grands
Les agoines à levant, les aubiepines à florisaut.
O trimazos! Ç'o le maie, joli maie,
Ç'o le joli mois de maic (1).

Dans un précédent article nous avons parlé des fêtes mondaines de mai. Aujourd'hui, pour être plus sage, sans faire pourtant comme cette actrice « qui se donne à Dieu, quand le diable n'en veut plus, » nous allons passer en revue quelques usages des fêtes religieuses de ce même mois, qui sont tombées en désuétude ou à la veille de disparaître, après avoir excité la foi vive et ardente de nos pères.

Le premier mai, le curé de la paroisse St-Pierre d'Avallon, suivi des fidèles de son clergé, qui voulaient le suivre, faisaient le pèlerinage à la madone du Bon-Repos, à Marcilly-lès-Avallon. Cet usage fut aboli en 1750. On rapporte que ce pèlerinage se faisait à la suite d'un miracle qui y avait eu lieu au xiie siècle: un nommé Geofroy Lebrun, maître d'hôtel du roi, s'étant vu disgracié et sans ressources, traversait la forêt, quand il fit la rencontre du diable, qui lui promit de grandes richesses, à condition qu'il

(1) Chants recueillis dans le pays messin.

lui livrerait sa femme, ce à quoi ledit Lebrun consentit; mais cet odieux marché fut heureusement sans effet par la présence de la sainte Vierge qui s'y opposa.

Le jour ou le dimanche qui suit l'Invention de la sainte Croix, on porte à l'église bénir de petites croix de bois qui sont ensuite plantées au milieu des champs, qu'on met sous leur protection; elles doivent empêcher la grêle, garder et faire fructifier les récoltes; les moissonneurs, les retrouvant, les rapportent en triomphe ornée des plus beaux épis; cette pieuse pratique paraît spéciale à l'Auxois et au Morvan.

Si une grêle vient à éclater, les paysannes ne manquent pas, dans l'espérance de la voir bientôt cesser, d'en mettre les premiers grains dans l'eau bénite; ensuite, pendant les orages, à chaque éclair et à chaque coup de tonnerre elles ne manquent pas de se signer.

Les Rogations furent établies au v⁵ᵉ siècle, par saint Mamert, évêque de Vienne, afin de délivrer son diocèse des calamités qui s'y étaient appesanties. L'heureuse fin de ces malheurs par l'intervention divine lui ayant donné raison, on les voit bientôt s'étendre à toute la France.

Au moyen âge, où l'on voit le peuple endormi dans l'oisiveté et l'indolence, les trois jours des Rogations étaient autant de gran-

des fêtes ; tout travail était suspendu. La
plupart des ménagères, à la campagne, ne
voudraient encore ni faire ni cuire de pain de
toute la semaine, elles préfèrent s'approvi-
sionner à l'avance, car, disent-elles, il moisi-
rait toute l'année ; c'est, à n'en pas douter, un
reste de cette ancienne dévotion. Ce temps
était employé au jeûne et à des prières suivies
de processions solennelles, visitant par la
campagne les croix magnifiquement ornées
en reposoirs. De nos jours, elles n'ont plus
lieu dans nombre d'endroits, par le manque
des habitants qui négligent d'y assister.

Nos agriculteurs ajoutent grande foi aux
remarques suivantes, quoiqu'elles les trom-
pent fort souvent :

Fait-il beau le premier jour des Rogations,
Il fera beau à la fenaison.

Fait-il beau le second jour des Rogations,
Il fera beau à la moisson.

Fait-il beau le troisième jour des Rogations,
Il fera beau à la vendange.

Le jour de l'Ascension, le curé desservant
de Santigny, suivi de ses paroissiens, a pour
habitude, depuis un temps immémorial, de
bénir la fontaine du village, dédiée à la
sainte Vierge. L'historien du pays, M. le
colonel du génie en retraite Goureau, y voit
un reste du culte druidique aux fontaines.

A l'introduction du christianisme, la sainte
Vierge aurait été substituée à la divinité
païenne.

La veille de la Pentecôte, les fidèles pas-
saient les nuits à prier dans les églises, d'où
est venu le nom de *vigile*, comme cela se fait
encore dans quelques communautés religieuses. C'était aussi le terme pour les pauvres vilains d'un grand nombre de redevan-
ces. Le seigneur d'Epoisses percevait le droit
de banvin, du jour de Pâques, au premier
coup des Vêpres à la veille de la Pentecôte.

La Pentecôte est, avec Pâques, la plus
grande fête de l'année. Par une faveur toute
spéciale en Bourgogne, les lépreux (ce fléau
du moyen âge) avaient le droit de sortir des
léproseries et de faire des quêtes.

C'était coutume, dit Courtépée, en ce jour
de lâcher un pigeon pendant l'office, à Autun.
Cet usage n'existe plus; ailleurs on jetait des
oublies ou des étoupes enflammées.

Chaque année, à Semur, le lendemain de
la Pentecôte, qui était aussi le jour de la
course, vers 1568, « les confréries des bœufs
de la ville venaient en grande pompe faire
l'offrande de trois bœufs devant le portail de
l'église Notre-Dame; elles allaient ensuite en
procession au couvent des Carmes, où elles
laissaient les trois bœufs pour le couvent, et
le provincial des Carmes remettait aux

bouaitiers, 16 livres 10 sols pour le prix de
ces bœufs (1). » Disons aussi que c'était eux
qui devaient fournir les chausses qui étaient
le prix de la course ; on n'a donné la bague
en prix que beaucoup plus tard (1652).

Hippolyte MARLOT.

(1) Notice sur les Courses de Semur d'après les documents
officiels.

Semur, imp. Verdot.

46